AF497882

ATLAS ÉLÉMENTAIRE

DE

GÉOGRAPHIE MODERNE

A l'usage des Maisons d'Éducation,

ACCOMPAGNÉ D'UN TEXTE EXPLICATIF,

UTILE AUX ÉLÈVES

ET A TOUTES LES PERSONNES QUI DÉSIRENT APPRENDRE ELLES-MÊMES LA GÉOGRAPHIE.

PAR

A. MÉGRET,

Professeur de Géographie et d'Histoire, Auteur de plusieurs autres Ouvrages pour l'Instruction Primaire.

PARIS.

FATOUT, ÉDITEUR DE CARTES GÉOGRAPHIQUES,

BOULEVART POISSONNIÈRE, N. 17 ET 19.

1851

IMPRIMERIE MAULDE ET RENOU, rue Bailleul, 9 et 11.

ÉLÉMENTS DE GÉOGRAPHIE.

INTRODUCTION.

La *Géographie* est la description de la terre ; c'est la science qui nous enseigne le nom et la position des divers pays du globe que nous habitons.

La Géographie comprend trois parties : la *Géographie physique*, la *Géographie politique* et la *Géographie astronomique* ou *Cosmographie*.

La *Géographie physique* traite de tous les accidents du globe, tels que les mers, les fleuves, les montagnes, etc.

La *Géographie politique* indique les divisions du globe telles que les hommes les ont établies ; ce sont les contrées, les provinces, les villes, etc.

La Géographie politique est dite *Géographie ancienne* lorsqu'elle donne la description des contrées habitées par les peuples anciens ; elle est dite *Géographie du Moyen-Age* lorsqu'elle donne le nom et la description des contrées habitées par les peuples de cette période de l'histoire ; elle est dite *Géographie moderne* lorsqu'elle traite de l'époque actuelle.

La *Géographie astronomique* ou *Cosmographie* traite des rapports du globe terrestre avec tous les autres astres qui existent dans l'univers : le soleil, la lune et les étoiles.

Pour étudier la Géographie, on se sert de globes ou de cartes. Les *globes* sont des boules représentant la terre ; les *cartes* sont des dessins représentant une partie de la terre, soit une partie du monde, une contrée.

Pour se reconnaître sur les globes ou sur les cartes, et pour indiquer la position d'un lieu par rapport à un autre on emploie différents noms qui sont appelés *Points cardinaux ;* ces noms sont : le *Nord*, appelé aussi *Septentrion ;* le *Midi* ou *Sud ;* l'*Est* ou *Orient* ou *Levant ;* l'*Ouest* ou *Occident* ou *Couchant.*

Le *Levant* est le point où le soleil semble se lever ; le *Couchant* est le point où le soleil semble se coucher, il est opposé au levant ; le *Nord* est le point qu'on a en face de soi lorsqu'on a le levant à sa droite et le couchant à sa gauche ; le *Midi* est le point opposé au Nord.

Sur les cartes ou sur les globes, le Nord est au haut, le Midi au bas, l'Est à droite et l'Ouest à gauche.

Entre ces différents points, il y en a d'autres qui prennent leur nom des points entre lesquels ils sont placés ; ces noms sont : le *Nord-Est* entre le Nord et l'Est ; le *Nord-Ouest*, entre le Nord et l'Ouest ; le *Sud-Est* entre le Sud et l'Est ; le *Sud-Ouest*, entre le Sud et l'Ouest.

Les points cardinaux s'écrivent ordinairement en abrégé, comme suit : N. signifie Nord ; S., Sud ; E., Est ; O., Ouest ; N.-E., Nord-Est ; S.-E., Sud-Est ; N.-O., Nord-Ouest ; S.-O., Sud-Ouest.

GÉOGRAPHIE PHYSIQUE.

La terre est ronde ; elle a la forme d'une boule. Sa surface se compose de terre et d'eau. Les parties de terre et d'eau prennent différents noms suivant leur forme ou leur position ; tels sont ceux de continent, îles, cap, etc., pour les terres, et ceux de mer, golfe, détroits, etc., pour les eaux.

DÉFINITION DES DIFFÉRENTES PARTIES DE TERRE.

Un *continent* est une très grande étendue de terre que l'on peut parcourir sans passer la mer.

Une *île* est un espace de terre entouré d'eau de tous côtés. Une réunion d'îles désignées sous un même nom est appelée *archipel* ou *groupe d'îles*.

Une *presqu'île* ou *péninsule* est un espace de terre presque entouré d'eau.

Un *isthme* est une partie de terre très étroite et resserrée entre deux mers, elle sert à joindre une presqu'île au continent.

Les *côtes* ou *rivages* sont les parties de terre baignées par la mer.

Un *cap* ou *promontoire* est une partie de terre qui s'avance en pointe dans la mer. Les petits caps sont appelés *pointes*.

Une *montagne* est une grande élévation de terre. Les petites montagnes sont appelées *collines, buttes* ; si les montagnes sont en pierre on les appelle *rochers*.

Une *chaîne de montagnes* est une suite de montagnes qui se prolongent à une grande distance.

Un *volcan* est un gouffre qui s'ouvre dans une montagne et d'où il sort une grande quantité de feu, ainsi que des matières embrasées qu'on nomme *laves*. L'ouverture du volcan est appelée *cratère*.

Un *désert* est une grande étendue de terre couverte de sable et qui ne produit aucune plante. S'il s'y trouve quelques parties où il y ait de la végétation on les appelle *oasis*.

DÉFINITION DES DIFFÉRENTES PARTIES D'EAU.

On appelle *océan* ou *mer* la masse d'eau qui entoure les continents.

Une *mer intérieure* est une portion d'océan qui entre dans l'intérieur des terres.

Un *golfe* est une portion de mer qui s'enfonce dans les terres. Les petits golfes sont appelés *baies, anses*.

Un *détroit* est une partie de mer resserrée entre deux terres fort proches l'une de l'autre et qui fait communiquer deux mers entre elles. Quelquefois le détroit est appelé *canal* ou *pas*.

Un *fleuve* est un grand courant d'eau qui se jette dans la mer.

Une *rivière* est un cours d'eau moins grand qu'un fleuve et qui se jette dans la mer ou dans un autre fleuve.

Un *ruisseau* est un cours d'eau qui se jette dans une rivière.

Un cours d'eau rapide est appelé *torrent*.

La *source* d'un cours d'eau est l'endroit d'où il sort ; l'*embouchure* est l'endroit où il se jette dans la mer. Si le fleuve a plusieurs embouchures on les appelle *bouches du fleuve*. L'endroit où deux cours d'eau se réunissent est appelé *confluent*. La *rive droite* d'un cours d'eau est le côté droit d'une personne qui suit le cours de l'eau, et la *rive gauche* est le côté gauche.

Les *affluents* d'un fleuve sont tous les cours d'eau qu'il reçoit.

Le *bassin d'un fleuve* est le territoire arrosé par le fleuve et ses affluents ; ce territoire est circonscrit par des chaînes de montagnes ou de collines.

Un *canal* est une espèce de rivière creusée par les hommes pour faire communiquer des cours d'eau.

Un *lac* est un grand amas d'eau dormante située au milieu des terres et qui souvent ne communique avec aucun cours d'eau ni aucune mer ; les petits lacs sont appelés *étangs*.

GÉOGRAPHIE POLITIQUE.

Une *contrée* ou un état est une certaine étendue de terre dont les habitants sont soumis aux mêmes lois et parlent la même langue.

Une *confédération* est l'ensemble de plusieurs états réunis pour des intérêts communs.

Les *limites* ou *bornes* d'un état sont ou les mers qui le baignent ou les autres états qui le touchent.

Les *provinces*, les *départements*, les *cantons*, les *communes*, les *cercles*, les *districts*, sont les subdivisions intérieures des différents états.

Les *villes*, les *bourgs*, les *villages*, les *hameaux*, sont les différents endroits où un certain nombre d'individus sont réunis et vivent en société. Une ville renferme plus d'habitants qu'un bourg, un bourg plus qu'un village, et un village plus qu'un hameau.

Une *capitale* est la ville principale d'un état : c'est là que résident les autorités qui administrent le pays.

Un *chef-lieu* est la principale ville d'un département, d'une province ; c'est là que réside l'autorité qui administre le département au nom du gouvernement qui siège dans la capitale.

La *population* est le nombre des habitants que renferme un état, un département, une ville.

Une *colonie* est un établissement de commerce dans des contrées éloignées et où les habitants sont soumis aux lois de la nation dont ils dépendent et qu'on appelle la mère-patrie.

GOUVERNEMENTS.

Le *gouvernement* est l'autorité qui régit un Etat et est chargé de faire exécuter les lois.

Dans les premiers âges du monde, le gouvernement était *patriarchal*, c'est-à-dire que chaque famille était gouvernée par le père de famille ; plus tard, il devint *théocratique*, c'est-à-dire que l'autorité fut entre les mains des prêtres. Aujourd'hui, il y a deux sortes de gouvernements : le *républicain* et le *monarchique*.

Le *gouvernement républicain* est celui dont le pouvoir émane du peuple.

Le *gouvernement monarchique* est celui où un seul homme commande.

La monarchie est *élective* si le souverain est élu par la nation ; elle est *héréditaire* si l'un des enfants succède de droit au père ; elle est *absolue* si le souverain est indépendant des lois ; *autocratique* si le pouvoir du souverain est illimité ; la monarchie est *constitutionnelle* si le pouvoir du souverain est contre-balancé par les représentants de la nation.

On appelle *anarchie* la confusion de tous les pouvoirs qui ne sont pas assez forts pour faire respecter les lois.

RELIGIONS.

La *religion* est le culte que l'on rend à la divinité. Tous les peuples de la terre reconnaissent l'existence d'un Dieu, mais tous ne l'adorent pas de la même manière ; ce sont les marques extérieures de cette adoration que l'on appelle le *culte*.

Les religions se divisent en deux classes : le *monothéisme* ou adoration d'un seul Dieu, et le *polythéisme* ou adoration de plusieurs Dieux.

Le *monothéisme* comprend trois religions principales :

1° Le *judaïsme*, ou religion des Juifs qui ne reconnaissent que les lois de Moïse ;

2° Le *christianisme*, ou religion enseignée par Jésus-Christ, et dont le protestantisme est une des sectes ;

3° Le *mahométisme*, religion fondée par Mahomet.

Le *polythéisme* a un grand nombre de sectes et n'est professé que chez les peuples barbares ou les peuples demi-civilisés.

MAPPEMONDE.

(Voir la Carte N° 2.)

Forme de la terre. La terre a la forme d'un globe ou d'une boule ; elle a 4,000 myriamètres de circonférence.

Axe. Pôles. L'axe de la terre est une ligne droite que l'on suppose passer par le centre de la terre et aboutir à deux points opposés appelés, l'un *pôle nord* et l'autre *pôle sud*.

La terre a deux mouvements, l'un qu'elle opère sur elle-même en 24 heures et qui nous donne alternativement le jour et la nuit ; on l'appelle mouvement *diurne* ou journalier ; l'autre qu'elle opère en 365 jours 5 heures 48 minutes 45 secondes au tour du soleil, et qui nous donne la différence des saisons : on l'appelle mouvement de *translation*.

Cercles. Sur les globes et sur les cartes, on voit tracés des cercles qui n'existent pas sur la surface de la terre, mais on les a imaginés pour indiquer les positions des différents lieux. Il y a six cercles, deux grands, ainsi appelés parce que leur centre correspond au centre de la terre, et quatre petits, ainsi nommés parce que leur centre ne correspond pas au centre de la terre. Les deux grands sont :

1° L'*équateur*, cercle qui partage le globe terrestre en deux parties. l'hémisphère septentrional et l'hémisphère méridional. On l'appelle aussi *ligne équinoxiale* parce qu'il passe par tous les points qui ont les jours et les nuits d'égale longueur ;

2° Le *méridien*, qui coupe la terre en deux parties en passant par les pôles et forme l'hémisphère oriental et l'hémisphère occidental. Méridien signifie *milieu du jour* parce qu'il est midi pour tous les points qui sont sous ce cercle. Les quatre petits cercles sont :

1° Le *tropique du Cancer*, placé au nord de l'équateur ;

2° Le *tropique du Capricorne*, au midi de l'équateur ;

3° Le *cercle polaire* arctique qui entoure le pôle nord ;

4° Le *cercle polaire antarctique* qui entoure le pôle sud.

Longitudes et latitudes. Tout cercle, grand ou petit, se divise en 360 degrés, le degré en 60 minutes, la minute en 60 secondes. La *longitude* d'un lieu est sa distance au 1er méridien (pour la France, le 1er méridien passe à Paris), la *latitude* d'un lieu est sa distance à l'équateur. Cette distance s'exprime en degrés, minutes et secondes.

Zônes. Les petits cercles de la sphère partagent la terre en cinq zônes :

1° La *zône torride*, comprise entre les deux tropiques du Cancer et du Capricorne ;

2° *Deux zônes tempérées* comprises, l'une entre le tropique du Cancer et le cercle polaire arctique, l'autre entre le tropique du Capricorne et le cercle polaire antarctique ;

3° Deux *zônes glaciales* comprises chacune dans les cercles polaires.

Saisons. On appelle saisons la variabilité de la température, variabilité qui est due au mouvement de translation et à l'inclinaison de l'axe de la terre sur le plan de son orbite. Il y a dans les zônes tempérées 4 saisons : le *printemps*, qui commence au 21 mars ; l'*été*, au 21 juin ; l'*automne*, au 22 septembre, et l'*hiver*, au 21 décembre. Toutes les parties du globe n'ont pas 4 saisons ; la zône torride n'en a que deux, celle des pluies et celle de la sécheresse ; dans les zônes glaciales, deux saisons, l'hiver et l'été ; il n'y a aussi qu'un jour et une nuit qui durent chacun six mois.

Division de la surface du globe. La surface du globe se compose de terre et d'eau ; l'eau en occupe les deux tiers.

Division des terres. Les terres forment trois grandes masses appelées continents :

1° L'*Ancien Continent* qui comprend l'Europe, l'Asie et l'Afrique ;

2° Le *Nouveau Continent*, appelé aussi *Nouveau-Monde*, parce qu'il n'a été découvert qu'en l'année 1492, par Christophe Colomb ;

3° Le *continent Océanien* ou Nouvelle-Hollande, beaucoup moins considérable que les deux autres.

Division des eaux. La masse des eaux appelée Océan, se divise en cinq parties :

1° L'*Océan Glacial Arctique* qui baigne le N. de l'ancien et du nouveau continent;

2° L'*Océan Glacial Antarctique* qui baigne le midi du globe;

3° Le *Grand-Océan* qui baigne l'E. de l'Asie et l'O. de l'Amérique;

4° L'*Océan Atlantique* qui baigne l'O. de l'Europe, de l'Afrique et l'E. de l'Amérique;

5° L'*Océan Indien* qui baigne le S. de l'Asie et l'E. de l'Afrique.

EUROPE.

(Voir la Carte N° 3.)

GÉOGRAPHIE PHYSIQUE.

Situation. L'Europe est située au N.-O. de l'ancien continent, entre 35° et 72° latitude N., et entre 13° longitude O., et 61 longitude E.

Limites. Etendue. L'Europe a pour limites au N. l'Océan Glacial arctique; à l'E. les Monts Ourals, le fleuve Oural et la mer Caspienne; au S. le détroit de Gibraltar, la Méditerranée, l'Archipel, la Mer Noire et les Monts Caucase; à l'O. l'Océan atlantique; son étendue du S.-O. au N.-O. est de 5,300 kilomètres; du N. au S., de 4,000 kilomètres.

Climat. Productions. Le Climat est tempéré; les productions sont : 1° *minéraux*, diamants, or, argent, fer, cuivre, etain, plomb, pierres, marbres de toute espèce; 2° *végétaux* : arbres fruitiers, bois de construction, riz, lin, chanvre; 3° *animaux* domestiques et sauvages, poissons de toute espèce.

EAUX.

Mers. Au *N.*, l'Océan Glacial arctique, la Mer Blanche, la Mer Baltique, la Mer du Nord, la Manche et la Mer d'Irlande; à l'O., l'Océan atlantique; au *S.* la Méditerranée, la Mer de Sicile, la Mer Ionienne, la Mer Adriatique, l'Archipel, la Mer de Marmara, la Mer Noire, la Mer d'Azof; à l'*E.* la mer Caspienne.

Golfes. Au *N.*, les golfes de Bothnie, de Finlande, de Riga; à l'*O.* le Zuiderzée, le golfe de Gascogne; au *S.* les golfes de Valence, de Lion, de Gênes, de Tarente, de Vénise, de Lépante, de Salonique.

Détroits. Au *N.*, les détroits de Waigatz, le Skager-Rack, le Cattégat; le Sund, le Grand-Belt et le Petit-Belt; à l'*O.* le Pas-de-Calais, le canal de Saint-Georges et le canal du Nord; au *S.* les détroits de Gibraltar, de Bonifacio, de Messine, le canal d'Otrante, le canal de Négropont, les détroits des Dardanelles, de Constantinople et d'Iénikale.

Bassins. Le sol de l'Europe est divisé en deux bassins : 1° le bassin de l'Océan Glacial et de l'Océan Atlantique; 2° le bassin de la Méditerranée et de la mer Caspienne.

Fleuves. *Versant de l'Océan Glacial et de l'Océan Atlantique :* la Dwina (*affluent de la Mer Blanche*); la Tornéa, la Néva, la Duna, le Niémen, la Vistule et l'Oder (*Mer Baltique*); l'Elbe, le Rhin et la Tamise (*Mer du Nord*); la Seine (*Manche*); la Saverne, la Loire, la Charente, la Gironde, le Douro, le Tage, la Guadiana et le Guadalquivir (*Océan Atlantique*), *Versant de la Méditerranée et de la Mer Caspienne;* L'Ebre, le Rhône, l'Arno et le Tibre (*Méditerranée*), le Pô et l'Adige (*Mer Adriatique*); le

Danube, le Dniester et le Dniéper (*Mer Noire*); le Don (*Mer d'Azof*); le Volga et l'Oural (*Mer Caspienne*).

Rivières. Le Necker et la Moselle (*affluents du Rhin*); l'Aube, l'Yonne, la Marne, l'Oise et l'Eure (*Seine*); l'Allier, le Cher, l'Indre, la Vienne et la Mayenne (*Loire*); le Tarn, le Lot et la Dordogne (*Garonne*); le Lech, l'Isar, l'Inn, la Drave, la Save, la Théis et le Pruth (*Danube*); la Kama (*Volga*).

Lacs. *En Russie*, les lacs Onéga, Ladoga, Peipus, Ilmen et Biélo; *en Suède*, Wéner, Wetter, Méler; *en Suisse*, Neufchâtel, Genève, Lucerne, Zurich, Constance; *en Autriche*, Neusiédel et Balaton; *en Italie*, Majeur, Côme, Garde, Pérouse; *en Turquie*, le lac de Zante ou de Scutari.

TERRES.

Caps. Les principaux caps sont : les caps Nord-Kin (*Suède*), Nase ou Lindness (*Norwège*); Skagen (*Danemarck*); Lands-End et Lizard (*Angleterre*); la Hogue (*France*); Finistère, de Trafalgard et de Saint-Martin (*Espagne*); de Saint-Vincent (*Portugal*); le cap Corse (*Corse*); de Passaro (*Sicile*); de Spartivento (*Italie*) et de Matapan (*Grèce*).

Iles. Dans l'*Océan Glacial*, le Spitzberg, la Nouvelle-Zemble et les îles Loffoden; dans la *Mer Baltique*, les îles Sééland, Fionie, Rugen Oland, Dago, OEsel et Aland; dans l'*Océan Atlantique*, l'Islande, Feroé, Schetland, Orcades, Hébrides, Grande-Bretagne et Irlande, Ouessant, Belle-Isle, Noirmoutier, Ré et d'Oléron; dans la *Méditerranée*, la Corse, la Sardaigne, la Sicile, les îles Baléares, Malte et Candie; dans l'*Archipel*, les Cyclades et les Sporades occidentales.

Presqu'îles. Les principales presqu'îles sont : la Suède et la Norwège, l'Espagne avec le Portugal, l'Italie, le Jutland en *Danemarck*, la Morée en *Grèce* et la Crimée en *Russie*.

Isthmes. Les deux isthmes principaux sont : l'isthme de Corinthe en *Grèce*, et celui de Pérécop en *Russie*.

Montagnes. Les principales chaînes de montagnes sont : les Alpes Scandinaves, entre la Suède et la Norwège; les Monts-Ourals, entre l'Europe et l'Asie; le Caucase, entre la Mer Noire et la Mer Caspienne; les Alpes, entre la France et l'Italie; les Apennins, en Italie; les Monts Karpathes en Autriche; les Monts Balkan en Turquie; les Monts Ibériens en Espagne et les Pyrénées, entre la France et l'Espagne.

Volcans. Il y a en Europe trois volcans : le Mont Vésuve en Italie; le Mont Etna en Sicile et le Mont Hécla en Islande.

GÉOGRAPHIE POLITIQUE.

Population. La population est de 231,000,000 d'habitants.

Religions. Les principales religions sont : le Christianisme (*Eglise romaine et Eglise grecque*), le Mahométisme et le Judaïsme.

Races d'hommes. Tous les peuples de l'Europe appartiennent à la race blanche, excepté les Lapons.

Langues. Les langues se rangent en quatre classes principales : 1° celles dérivées du *Grec* et du *Latin* : le Français, l'Italien, l'Espagnol et le Portugais, 2° celles dérivées de l'*Allemand* : l'Anglais, mélangé aussi de Français et d'ancien Celte; le Hollandais, le Danois et le Suédois; 3° celles dérivées des *Slaves* : le Russe, le Polonais et le Lithuanien; 4° le *Basque*, langue originale que l'on croit être l'ancien Celte, et qui se parle par les habitants des Pyrénées.

Contrées. L'Europe est divisée en 16 contrées.

Au Nord : les Iles Britanniques, capitale Londres; le Danemarck, capitale Copenhague; le royaume Suédo-Norwégien, capitale Stokholm.

A l'Est : La Russie, capitale Saint-Pétersbourg.

Au Centre : La France, capitale Paris; l'Autriche, capitale Vienne; la Prusse, capitale Berlin; la Confédération germanique, villes principales : Munich, Dresde, Hambourg, Hanôvre, Francfort-sur-le-Mein et Stuttgard; la Belgique, capitale Bruxelles; la Hollande, capitale La Haye; la Suisse, villes principales Bâle, Berne et Genève.

Au Midi : Le Portugal, capital Lisbonne; l'Espagne, capitale Madrid; l'Italie, villes principales : Turin, Milan, Venise, Florence, Rome et Naples; la Turquie, capitale Constantinople, et la Grèce, capitale Athènes.

ASIE.

(Voir la Carte N° 4.)

GÉOGRAPHIE PHYSIQUE.

Situation. L'Asie est comprise entre 24° long. E. et 172° long. O. et l'Équateur, et 78° lat. sept.

Limites. Etendue. Les limites sont : au *N*. l'Océan Glacial Arctique; l'*E*. le Grand-Océan; au *S*. la mer des Indes, et à l'*O*. l'Europe, l'Afrique et la mer Rouge. Son étendue du détroit de Bab-el-Mandel au détroit de Behring est de 1000 myriamètres, et du nord au sud, au cap Romania de 760 myriamètres.

Climat. Productions. Le climat est très froid au nord ; au centre l'hiver est froid et l'été très-chaud, au midi il y a deux saisons, la sèche, ou été qui a des chaleurs très-fortes, et la pluvieuse, qui a de très fortes tempêtes produites par les vents qui règnent pendant cette saison.

Les principales productions sont : 1° dans le règne *minéral*, les diamants et les pierres précieuses, l'or, le platine, l'argent, le cuivre, le fer, le salpêtre, la terre à porcelaine ; 2° dans le règne *végétal :* la canne à sucre, le thé, le café, le coton, l'indigo, les aromates ; 3° dans le règne *animal :* les lions, les tigres, les hyènes, les gazelles, les singes, les chèvres du Tibet, les chevaux arabes, les éléphants.

EAUX.

Mers. Au *N*. l'Océan Glacial ; à l'*E*. la mer de Behring, la mer d'Okhotsk, le Grand-Océan, la mer du Japon, la mer Jaune, la mer Bleue, la mer de la Chine ; au *S*. la mer des Indes et la mer d'Oman ; à l'*O*. la mer Rouge, la Méditerranée, les mers de l'Archipel, de Marmara, Noire, Caspienne.

Golfes. Au *N*. le golfe de l'Obi ; à l'*E*. les golfes d'Anadyr, Kamtchatka, Petchili, Tonquin et Siam ; au *S*. les golfes du Bengale, d'Oman et Persique.

Détroits. A l'*E*. les détroits de Behring, de Tarakaï, de Corée et de Formose ; au *S*. de Malacca, de Palk, d'Ormoutz et de Bab-el-Mandel ; à l'*O*. des Dardanelles et de Constantinople.

Bassins. Fleuves. 1° Le *versant de l'Océan Glacial*, qui renferme l'Obi, le Iénissei et la Léna ; 2° *le versant du Grand Océan*, qui comprend l'Amour ou Saghalien, le Hoang-Ho, le Kiang-Ho, le Moi-Kong et le Mei-Nam ; 3° *le versant de la mer des Indes*, qui comprend le Salouen, l'Iraouady, le Bramapoutra, le Gange, le Godavery, le Kisnak, le Sind ou Indus; 4° *le versant de l'Ouest*, comprenant le Tigre et l'Euphrate qui se perdent dans le golfe Persique par une seule embouchure nommée le Chat-el-Arab, le Kour, dans la mer Caspienne, et l'Oxul, dans le lac d'Aral.

Lacs. Le lac Asphaltite ou mer Morte, *au sud de Jérusalem*; Van et Ourmia, *en Perse;* d'Aral, *en Tartarie;* Baïkal, *en Sibérie;* Balkachi, Saïsan et Koukou-Nor, *en Chine*.

TERRES.

Caps. Les principaux caps sont : les caps Severo-Vostochnoï, au N. de la Sibérie ; Oriental, à l'E. de la Sibérie sur le détroit de Behring ; Romania, au S. de la presqu'île de Malacca ; Comorin, au S. de l'Hindoustan, et Raz-el-Gat, en Arabie.

Iles. Dans l'*Océan Glacial*, Liakhof ou Nouvelle-Sibérie ; dans le *Grand-Océan*, les Aléoutiennes, les Kouriles, les îles du Japon ; dans la *mer de la Chine*, Formose, Haï-Nan ; dans la *mer des Indes*, Andaman, Nicobar, les Laquedives et les Maldives ; dans la *Méditerranée*, Chypre et Rhodes ; dans l'*Archipel*, les Sporades orientales.

Presqu'îles. L'Anatolie, en Turquie ; l'Arabie, l'Hindoustan, l'Indo-Chine, les presqu'îles de Malacca, dans l'Indo-Chine ; de Corée, dans la Chine, et de Kamtchatka, dans la Sibérie.

Isthmes. L'ithsme de Suez qui joint l'Asie à l'Afrique.

Montagnes. Les monts Ourals, entre la *Russie d'Europe* et la *Sibérie*; le Caucase, entre la *mer Caspienne* et la *mer Noire*; Stanovoï, entre la *Sibérie* et la *Chine*; Himalaya, entre la *Chine* et l'*Hindoustan*; Gates, dans l'*Hindoustan*; Mogs, dans l'*Indo-Chine*; Taurus et Liban, dans la *Turquie d'Asie*.

Monts. Les monts Dawalagiri et Jawahir, dans l'*Himalaya*, sont les pics les plus élevés du globe; Ararat, en *Perse*; Thabor et Carmel, dans le *Liban*; Sinaï et Horeb, dans l'*Arabie*, et le pic d'Adam, dans l'île de *Ceylan*.

GÉOGRAPHIE POLITIQUE.

Population. Religions. La population est de 600,000,000 d'habitants. Les religions sont : le christianisme, le mahométisme, le judaïsme, le culte de Brama, celui de Fo et celui de Confucius.

Races d'hommes. Il y a trois races d'hommes : la Caucasique, la Mongole et la Malaise. Ces trois races forment différentes familles, telles que : géorgienne, arménienne, persane, indoue, chinoise et japonaise.

Langues. Les langues parlées sont : l'arabe, le turk, l'arménien, le persan, l'hindoustani, le chinois et le japonais. Le sanscrit est une langue morte.

Contrées. Il y a douze états principaux. *Au nord :* la Sibérie ou Russie d'Asie, villes principales : *Tobolsk, Tomsk et Irkoutsk;* le Caucase, entre la mer Noire et la mer Caspienne, capitale *Tiflis. Au centre :* la Turquie d'Asie, villes principales : *Smyrne et Jérusalem;* le Turkestan, capitale *Boukhara;* la Chine, capitale *Pekin;* le Japon, capitale *Yedo.* Au *S.* l'Indo-Chine ou presqu'île au-delà du Gange, capitale *Ava;* l'Hindoustan, capitale *Calcutta;* le Béloutchistan, capitale *Kelat;* l'Afghanistan, capitale *Caboul;* la Perse, capitale *Téhéran,* et l'Arabie, cap. *La Mecque.*

AFRIQUE.

(VOIR LA CARTE Nº 5.)

GÉOGRAPHIE PHYSIQUE.

Situation. L'Afrique est une grande presqu'île comprise entre le 19e degré de longitude O. et le 49e de longitude E., et le 38e de latitude N. et le 35e de latitude S.

Limites. Étendue. L'Afrique a pour limites au *N.* le détroit de Gibraltar et la Méditerranée; à l'*E.* l'isthme de Suez, la mer Rouge et la mer des Indes; au *S.* le Grand-Océan, et à l'*O.* l'Océan Atlantique. Sa plus grande longueur du N. au S. est de 800 myriamètres au plus et sa plus grande largeur de 733 myriamètres.

Climat. Productions. Le climat est extrêmement chaud et brûlant; il n'y a que deux saisons, la sèche et la pluvieuse. Les productions sont :

1° *dans le règne minéral,* l'or, le fer, le cuivre; 2° *dans le règne végétal,* le blé, le millet, la vigne, le dattier, le cocotier, l'arbre à épices, à gomme, à encens; 3° *dans le règne animal,* le lion, le tigre, le chacal, la hyène, le crocodile, l'hippopotame, l'éléphant, la girafe, le chameau.

EAUX.

Mers. Au *N.* la Méditerranée; à l'*E.* la mer Rouge et l'Océan indien; au *S.* le Grand-Océan, et à l'*O.* l'Océan Atlantique.

Golfes. *Dans la Méditerranée* les golfes de la Sydre et de Gabès; *dans la mer des Indes* le golfe d'Aden; *dans l'Océan Atlantique* le golfe de Guinée.

Détroits. Au N. le détroit de Gibraltar entre l'Europe et l'Afrique; à l'E. le détroit de Bab-el-Mandeb entre l'Afrique et l'Asie, et le canal de Mozambique entre l'Afrique et la grande île de Madagascar.

Bassins. Fleuves. Le sol est divisé en trois versants, 1° le *versant de la Méditerranée* qui comprend le Nil (*Egypte*); 2° le *versant de la mer des Indes* qui comprend le Zambèze; 3° le *versant de l'Océan Atlantique* qui comprend : le Sénégal et la Gambie, dans la *Sénégambie* le Niger (*Guinée*); le Zaïre (*Congo*); et l'Orange (*Hottentotie*).

Lacs. Les principaux sont : Keroun ou Mœris (*Egypte*), de Tchad (*Nigritie*), de Dembéa (*Abyssinie*), et de Maravi (*Mozambique*).

TERRES.

Caps. Sur la Méditerranée, le cap Bon (*Barbarie*); sur l'Océan indien, Delgado (*Mozambique*) et Guardafui (*côte d'Ajan*); sur le Grand-Océan, le cap de Bonne-Espérance et le cap des Aiguilles (*gouvernement du Cap*); sur l'Océan Atlantique les caps Négro (*Congo*), des Trois-Pointes et des Palmes (*Guinée*); Vert (*Sénégambie*) et Blanc (*Sahara*).

Iles. *Dans la mer des Indes*, Socotora, les Seychelles ou Amirantes, Mahé, les Comores, Madagascar, La Réunion (*anciennement Bourbon*), l'île de France ou Maurice et Rodrigue. *Dans l'Océan Atlantique*, les Açores, Madère, les Canaries, du Cap Vert, de St-Thomas, du Prince, d'Annabona, de Fernando-Po, St-Mathieu, de l'Ascension et de Ste-Hélène.

Montagnes. Les monts Atlas (*Barberie*), de Kong (*Nigritie*), de la Lune (*Abyssinie*), Lupata (*Mozambique*) et le pic de Ténériffe (*île de ce nom, l'une des Canaries*).

GÉOGRAPHIE POLITIQUE.

Population. La population est de 80,000,000 d'habitants.

Religions. Le fétichisme, le judaïsme, le mahométisme et le catholicisme.

Races d'hommes. Races égyptienne, nègre, Abyssinienne et cafre.

Langues. Langues arabe, berbère et malais, et beaucoup d'idiomes mêlés de turc.

Contrées. Au *N.* la Barbarie, villes principales *Maroc, Alger* (qui appartient à la France) *Tunis et Tripoli*; l'Egypte, capitale le *Caire* et *Alexandrie*; le Sahara ou Grand-Désert.

A l'*E.* La Nubie, capitale *Sennaar*; l'Abyssinie, capitale *Gondaar*; la côte d'Adel; la côte d'Ajan; le Zanguebar, villes principales : *Melinde, Monbaza* et *Magadoxo*; le Monomotapa, villes pr. *Sofala* et *Zimbaoé*.

Au *S.* La Cimbébasie; la Hottentotie; le Gouvernement du Cap, capitale la *ville du Cap*, colonie anglaise, et la Cafrerie.

A l'*O.* La Sénégambie, villes principales *St-Louis, Bambouk* et *St-James*; la Guinée septentrionale, villes principales : *Coumassie, Abomey* et *Benin*; le Congo, villes principales *San-Salvador* et *St-Paul de Loanda*.

Au Centre. Le Soudan ou Nigritie; villes principales : *Ségo* et *Tombouctou*; et une vaste contrée inconnue.

AMÉRIQUE.

(Voir la Carte N° 6.)

L'Amérique, dont les premières îles furent découvertes en 1492 par le génois Christophe Colomb, et le Continent par le florentin Améric Vespuce, forme deux grandes presqu'îles réunies par l'isthme de *Panama*; ce sont : l'*Amérique septentrionale* et l'*Amérique méridionale*.

AMÉRIQUE SEPTENTRIONALE.

(Voir la Carte N° 6.)

GÉOGRAPHIE PHYSIQUE.

Situation. L'Amérique septentrionale est comprise entre 8° et 80° lat. N. et entre 18° et 180° long. O.

Limites. Étendue. Elle est bornée au N. par l'Océan Glacial Arctique; à l'E. par l'Océan Atlantique; au S. par l'Amérique méridionale, le golfe du Mexique et la mer des Antilles, à l'O. par la mer de Behring et le Grand-Océan. Sa longueur est de 730 myriamètres et sa largeur de 660 myriamètres.

Climat. Productions. Le climat est très varié; les hivers sont plus froids et les étés plus chauds qu'en Europe.

Les productions sont : 1° *dans le règne minéral*, l'or, l'argent, le fer, le cuivre, la houille, le sel et le marbre; 2° *dans le règne végétal*, le catier, la canne à sucre, le blé, la pomme de terre, le maïs, le tabac, le palmier, le cocotier et l'acajou; 3° *dans le règne animal*, le lion, l'ours, le castor, l'hermine, les colibris, les oiseaux mouches, le serpent, etc.

EAUX.

Mers. Les principales mers sont : au N. l'Océan Glacial Arctique et la mer de Baffin; à l'E. l'Océan Atlantique; au S. la mer des Antilles; à l'O. le grand Océan et la mer de Behring.

Golfes. Les golfes sont ceux : d'Hudson et Saint-Laurent (*Nouvelle-Bretagne*), du Mexique (*Mexique*), de Honduras (*Guatémala*) et de Californie, nommé aussi mer Vermeille (à l'*O. du Mexique*).

Détroits. Au N. les détroits de Lancastre, de Davis et d'Hudson; à l'E. de Belle-Isle et le canal de Bahama; au N. O. de Behring.

Bassins. Fleuves. Il y a trois versants : 1° le *versant de l'Océan Glacial* qui comprend la Mackensie; 2° le *versant de l'Océan Atlantique* comprenant : le Saint-Laurent, le Mississipi, le Missouri et le Rio del Norte; 3° *versant du Grand-Océan*, le Colorado (Californie).

Lacs. L'Amérique septentrionale est couverte d'un grand nombre de lacs dont les principaux sont ceux de l'Esclave (*Nouvelle-Bretagne*), Supérieur, Michigan, Huron, Érié et Ontario (*Etats-Unis*) Nicaragua (*Guatémala*).

TERRES.

Caps. Sur l'*Océan Atlantique* les caps Farewel (*Gronland*), Charles (*Nouvelle-Bretagne*), Hatteras et Agi (*Etats-Unis*); sur la *mer des Antilles*, le cap Catoche (*Mexique*); sur le *Grand-Océan*, Saint-Lucas et Occidental sur le *détroit de Behring*.

Iles. Les îles dans la *mer de Baffin* sont : de Southampton et Melville; dans l'*Océan Atlantique*, Terre-Neuve, Saint-Pierre et Miquelon, du cap Breton, Long-Island, les Bermudes, les Lucayes parmi lesquelles est San Salvador où aborda Cristophe Colomb; les Grandes Antilles, dont les principales sont : Cuba, la Jamaïque et Haïti; les Petites Antilles dont les principales sont : la Trinité, la Dominique, la Barbade, la Martinique et la Guadeloupe; dans le *Grand-Océan*, l'Archipel de Quadra et de Vancouver, l'île de la Reine Charlotte et les Aléoutiennes.

Presqu'îles. Le Groenland, le Labrador et la Nouvelle-Ecosse (*Nouvelle-Bretagne*), la Floride (*Etats-Unis*), Yucatan et Vieille Californie (*Mexique*) et d'Alaska (*Amérique russe*).

Montagnes. De grandes chaînes de montagnes traversent toute l'Amérique du nord au sud sous les noms de Monts Rocheux, Monts Colombiens, Sierra-Verdé, Sierra-de-los-Mimbres, Sierra de la Madre.

Volcans. Le Popocatepelt (*Mexique*) et le Saint-Elie (*Amérique russe*)

GÉOGRAPHIE POLITIQUE.

Population. La population de l'Amérique septentrionale est de 23 millions d'habitants.

Religions. Le christianisme, le judaïsme, le fétichisme et les quakers

Races d'hommes. Les principales races sont : les indiens indigènes, les colonies européennes, les races mêlées et la race nègre.

Langues. Les langues les plus usitées sont : le français, l'anglais, l'espagnol. Il a beaucoup d'idiomes indiens.

Contrées. L'Amérique Russe, capitale *Sitka* ; le Groenland, capitale *Frédérikshaab* ; la Nouvelle-Bretagne, capitale *Québec* ; les États-Unis, composés d'un grand nombre de petites républiques, capitale *Washington* ; le Mexique, capitale *Mexico*, et le Guatémala, capitale *Guatémala*.

AMÉRIQUE MÉRIDIONALE.

(Voir la Carte N° 7.)

GÉOGRAPHIE PHYSIQUE.

Situation. L'Amérique méridionale est située entre 13° lat. N. et 56° lat. S., et entre 35° et 85° long. O.

Limites. Etendue. Les limites de l'Amérique méridionale sont : au *N.* l'isthme de Panama qui la joint à l'Amérique septentrionale et la mer des Antilles ; à l'*E.* l'Océan Atlantique ; au *S.* et à l'*O.* le Grand-Océan. Elle a du N. au S. 730 myriamètres, de l'E. à l'O. 550 myriamètres.

Climat. Productions. La chaleur est tempérée sous l'équateur par les vents et les pluies, mais au S. la température est froide. Les productions sont : 1° *dans le règne minéral*, l'or, l'argent, le cuivre, le mercure et les émeraudes ; 2° *dans le règne végétal*, le palmier, le tabac, la canne à sucre, le coton, l'ananas, le cacao ; 3° *dans le règne animal*, le tigre, le jaguar, le lama, le serpent.

EAUX.

Mers. Les mers sont : au *N.* la mer des Antilles ; à l'*E.* l'Océan Atlantique ; au *S.* et à l'*O.* le Grand-Océan.

Golfes. Dans la mer des Antilles, les golfes de Darien, de Maracaïbo (*Colombie*) ; dans l'Océan Atlantique, la baie de tous les Saints (*Brésil*) ; les golfes de St-Antoine et de St-Georges (*Patagonie*) ; dans le Grand-Océan, Guayaquil et Panama (*Colombie*).

Détroits. Les détroits de Magellan et de Lemaire, au S. de la *Patagonie.*

Bassins. Fleuves. Il n'y a qu'un seul versant, celui de l'*Océan Atlantique*, qui comprend : l'Orénoque, la rivière des Amazones qui a un grand nombre d'affluents, le Rio-San-Fancisco, le Rio de la Plata, le Rio-Colorado et le Rio-Negro.

Lacs. L'Amérique méridionale renferme peu de lacs ; les principaux sont : Maracaïbo (*Colombie*), Titicaca (*Pérou*) et Los-Patos (*Brésil*).

TERRES.

Caps. *Dans l'Océan Atlantique*, le cap Nord, à *l'embouchure du fleuve des Amazones* ; St-Roch (*Brésil*) ; St-Antoine, à l'embouchure du Rio de la Plata ; *dans le Grand-Océan*, le cap Horn, *au midi de la Terre de Feu* ; et le cap Blanc (*Colombie*).

Iles. *Dans l'Océan Atlantique*, la Nouvelle-Géorgie et les Malouines ; *dans le Grand-Océan*, l'Archipel Magellan ou Terre de Feu, l'archipel de la Mère de Dieu, les Iles de Chiloé, de Juan Fernandez et de Gallapagos.

Isthmes. Il n'y a que l'isthme de Panama qui joint l'Amérique méridionale à l'Amérique septentrionale.

Montagnes. La cordillière des Andes est la seule chaîne de montagnes ; elle traverse toute l'Amérique méridionale du Nord au Sud, près du Grand-Océan ; le Chimborazo en est le pic le plus élevé.

Volcans. Le Cotopaxi et le Pichincha *dans la Colombie*, et l'Aréquipa *dans le Pérou.*

GÉOGRAPHIE POLITIQUE.

Population. La population est de 16 millions d'habitants.

Religions. Catholiques et beaucoup de cultes indigènes très peu connus.

Races d'hommes. Tribus indigènes, colonies européennes , race nègre.

Langues. Les langues parlées sont : l'espagnol, le portugais et beaucoup d'idiomes indiens.

Contrées. Au *N.* La Colombie composée de plusieurs républiques, villes principales : *Bogota, Quito* et *Caracas ;* la Guyane anglaise, capitale *Stabrok ;* la Guyane hollandaise, capitale *Paramaribo ;* la Guyane française, capitale *Cayenne.* A l'*E.* le Brésil, capitale *Rio-Janeiro.* A l'*O.* le Pérou, capitale *Lima,* et le Haut-Pérou ou Bolivia, capitale *Chuquisaca* ou *la Plata.* Au *S.* le Paraguay, capitale l'*Assomption ;* l'Uruguay, capitale *Montevidéo ;* la république de la Plata, capitale *Buénos-Ayres ;* le Chili, capitale *Santiago,* et la Patagonie, pays peu connu.

OCÉANIE.

(VOIR LA CARTE Nº 8.)

GÉOGRAPHIE PHYSIQUE.

Situation. L'Océanie est comprise entre 30º latitude N. et 58º latitude S., et entre 92º longitude E. et 105º longitude O.

Limites. Etendue. Toutes les îles qui composent l'Océanie sont entourées par le Grand-Océan, et présentent une superficie de 105,000 myriamètres carrés.

Climat. Productions. Le climat est doux, agréable et sain. Les productions sont : 1º *dans le règne minéral :* l'or, le fer, le diamant ; 2º *dans le règne végétal :* le cocotier, le bananier, le camphre, la cannelle, l'arbre à épices, le thé ; 3º *dans le règne animal :* le tigre, l'éléphant, le buffle, le rhinocéros, des serpents énormes, des singes, l'oiseau de paradis.

EAUX.

Mers. La mer de la Chine *entre la Malaisie et la Chine ;* l'Océan indien à *l'ouest de l'île de Sumatra.*

Golfes. Il y a un grand nombre de golfes dont le principal est celui de *Carpentario,* au N. de la Nouvelle-Hollande.

Détroits. Parmi les nombreux détroits qui séparent les îles de l'Océanie, on distingue : les détroits de *Malacca,* entre la presqu'île de Malacca et l'île de Sumatra ; de la *Sonde,* entre Sumatra et Java ; de *Macassar,* entre Célèbes et Bornéo ; de *Moluques,* entre Célèbes et Gilolo ; de *Torres,* entre la Nouvelle-Guinée et la Nouvelle-Hollande et de *Bass,* entre l'Australie et l'île de Diémen.

TERRES.

Montagnes. Les principales sont : les *Montagnes-Bleues* dans la Nouvelle-Hollande.

Volcans. La plus grande partie des îles renferme des volcans, mais les plus considérables sont dans les îles de Java et de Sumatra.

GÉOGRAPHIE POLITIQUE.

Population. La population est évaluée approximativement à 30 millions d'habitants.

Religions. Les principales sont : le Christianisme, l'Islamisme, le Brahmisme, le Sabéisme, et un grand nombre de cultes superstitieux.

Races d'hommes. La race *malais,* la *nègre* et les *colonies européennes et chinoises.*

Langues. Le *malais* est la langue généralement parlée par les indigènes.

Division. L'Océanie est divisée en 3 parties : la Malaisie, l'Australie et la Polynésie.

Les îles principales de la Malaisie sont : les îles de la Sonde, Bornéo, Célèbres, les Moluques et les Philippines.

Les îles de l'Australie sont : la Nouvelle-Hollande ou Continent austral ; la Nouvelle-Guinée ; la terre de Van-Diémen ; la Nouvelle-Zélande que l'on place quelquefois dans la Polynésie ; les archipels de la Nouvelle-Bretagne ; de la Pérouse, et les Nouvelles-Hébrides.

Les îles de la Polynésie sont : l'archipel Magellan au sud du Japon , les Marie-Anne, les Carolines, les Mulgraves, les îles Sandwich, des Navigateurs, des Amis, de Taïti ou de la Société , les îles Basses et les Marquises, dont la principale est Noukahiva.

FRANCE.

(Voir la Carte N° 9.)

GÉOGRAPHIE PHYSIQUE.

Situation. La France est située entre 42° et 51° lat. N. et entre 7° long. O. et 6° long. E.

Limites. Étendue. Ses limites sont : au *N.* la Manche, le Pas-de-Calais, la mer du Nord, la Belgique, la Prusse rhénane et la Bavière ; à l'*E.* le Rhin qui la sépare de l'Allemagne, le Jura qui la sépare de la Suisse, et les Alpes qui la séparent de l'Italie ; au *S.* la Méditerranée et les Pyrénées qui la séparent de l'Espagne ; à *l'O.* l'Océan atlantique.

Elle a du N. au S. 116 myriamètres et de l'E. à l'O. 100 myriamètres. Sa superficie est de 5,300 myriamètres carrés.

Climat. Productions Le climat est généralement tempéré et très sain.

Les principales productions sont :

1° *Dans le règne minéral :* le fer, le cuivre, le plomb, la houille, le sel, les pierres de taille, le marbre, et des eaux minérales ;

2° *Dans le règne végétal :* les céréales, légumes, la vigne, la pomme de terre, la betterave, le lin, le chanvre, le tabac ; elle a de très belles prairies.

3° *Dans le règne animal :* les chevaux, les mulets, les ânes, les bêtes à cornes et à laine, la volaille, le gibier, le poisson, les abeilles, les vers à soie.

EAUX.

Golfes. Les principaux golfes sont : les golfes de *Saint-Malo* et de la *Seine* formés par la Manche ; du *Lion* (Méditerranée) ; de *Gascogne* et du *Morbihan* (Océan atlantique).

Détroits. Le *Pas-de-Calais* qui sépare la France de l'Angleterre, et le détroit de *Bonifacio* entre la Corse et la Sardaigne.

Bassins, Fleuves et Rivières. Les montagnes qui couvrent une partie du territoire de la France, la divisent en plusieurs bassins qui prennent leur nom du fleuve principal qui y a son cours ; ces bassins sont les bassins du *Rhin*, de la *Seine*, de la *Loire*, de la *Garonne* et du *Rhône*.

Bassin du Rhin. On comprend sous ce nom tous les cours d'eau qui ont leur cours en France, et leur embouchure dans la mer du Nord ; il est limité à l'O. par les Vosges, les Ardennes, les collines de l'Escaut et les collines de l'Artois ; les limites de l'E. ne sont pas sur le territoire français; les cours d'eau sont : 1° le *Rhin* avec ses affluents de France, l'*Ill*, la *Lauter* et la *Moselle* augmentée de la *Meurthe*; 2° la *Meuse* avec son affluent la *Sambre*; 3° l'*Escaut* avec ses affluents la *Scarpe* et la *Lys*.

Bassin de la Seine. Ce bassin comprend tous les cours d'eau qui ont leur embouchure dans la Manche et dont le principal est la Seine. Ce bassin est limité à l'*E.* par le bassin du Rhône et par celui du Rhin; au *S.* par les monts du Morvan, le plateau d'Orléans et les monts d'Arrée. Les cours d'eau sont : 1° la *Seine* et ses affluents, le *Loing*, l'*Yonne*, l'*Aube*, la *Marne*, l'*Oise* augmentée de l'*Aisne*, et l'*Eure*; 2° la *Somme*; 3° l'*Orne*.

Bassin de la Loire. Ce bassin comprend la Loire et tous ses affluents; il est limité au *N.* par le bassin de la Seine; à l'*E.* par celui du Rhin; au *S.* par les monts Margeride, d'Auvergne, du Limousin et les collines du Poitou; les cours d'eau sont : 1° la *Loire* et ses affluents qui sont, à droite, la *Nièvre*, et la *Mayenne* augmentée de la *Sarthe* et du *Loir*; à gauche, l'*Allier*, le *Loiret*, le *Cher*, l'*Indre*, la *Vienne* augmentée de la *Creuse*, et la *Sèvre Nantaise*; 2° la *Vilaine* augmentée de l'*Ille*; 3° la *Sèvre Niortaise* augmentée de la *Vendée*.

Bassin de la Garonne. Ce bassin comprend la Garonne et tous ses affluents; il est limité au *N.* par le bassin de la Loire; à l'*E.* par celui du Rhône et au *S.* par les Pyrénées. Les cours d'eau sont : 1° la *Garonne* qui reçoit la *Dordogne* au bourg du Bec-d'Ambez, et prend alors le nom de Gironde jusqu'à la mer; ses affluents sont : à gauche, le *Gers*; à droite, l'*Ariège*, le *Tarn* augmenté de l'*Aveyron*, le *Lot*, la *Dordogne* augmentée de la *Corrèze* et de la *Vezère*; 2° la *Charente*; 3° l'*Adour*.

A la limite de la France et de l'Espagne, est la *Bidassoa*.

Bassin du Rhône. Ce bassin comprend tous les cours d'eau qui ont leur embouchure dans la Méditerranée; il prend son nom du fleuve principal. Il est limité au *N.* par le bassin du Rhin, dont il est séparé par les monts Faucilles et les Vosges méridionales; à l'*E.* par le Jura et les Alpes; à l'*O.* par le plateau des Langres et la Côte-d'Or, qui le séparent du bassin de la Seine, et par les Cevennes qui le séparent des bassins de la Loire et de celui de la Garonne. Les cours d'eau sont : 1° le *Rhône* dont les affluents sont : à droite, l'*Ain*, la *Saône* augmentée du *Doubs*, l'*Ardèche* et le *Gard*;

à gauche, l'*Isère*, la *Drôme* et la *Durance*; 2° l'*Hérault*; 3° l'*Aude*; 4° le *Var*, qui sert de limites à la France et à l'Italie.

Canaux. Les principaux sont : le *canal de Picardie*, qui joint la Somme à l'Oise; de *Saint-Quentin*, qui joint la Somme à l'Escaut; de l'*Ourcq*, qui amène à Paris les eaux de cette rivière; de *Saint-Denis*, qui joint le canal de l'Ourcq à la Seine; *Saint-Martin*, qui traverse Paris pour joindre l'Ourcq à la Seine; des *Ardennes*, qui joint la Meuse à l'Aisne; du *Rhône au Rhin*, qui joint ces deux fleuves; de *Briare*, d'*Orléans* et du *Loing*, qui joignent la Seine à la Loire; de *Bourgogne*, qui joint l'Yonne à la Saône; du *centre*, qui joint la Saône à la Loire, et du *Midi*, qui joint la Garonne à la Méditerranée.

Eaux minérales. De Bagnères et de Barèges (*Hautes-Pyrénées*); du Mont-Dore (*Puy-de-Dôme*); de Vichy (*Allier*); de Plombières (*Vosges*); de Bourbonne-les-Bains (*Haute-Marne*); Passy et Enghien (*près Paris*); Saint-Amand (*Nord*).

TERRES.

Caps. Les principaux sont : *sur la Manche*, ceux de *Griz-Nez*, de Gatteville et de la Hogue; *sur l'Océan*, le cap Finistère, Saint-Mathieu, de Roz et Penmarche; *sur la Méditerranée* le cap Corse, au nord de cette île.

Iles. *Dans l'Océan atlantique*, Ouessant, Sein, Groix, Belle-Isle, Noirmoutiers, Dieu, Ré et Oléron; *dans la Méditerranée*, les îles d'Hyères, de Lérins et la Corse.

Montagnes. Les principales sont : les Pyrénées, entre la France et l'Espagne; les Alpes, entre la France et l'Italie; les Cévennes, au S.-E.; les monts d'Auvergne au centre, les Vosges au N.-E., et le Jura à l'E.

Chemins de fer. Un grand nombre de belles routes sillonnent la France, mais, depuis quelques années, on a construit des chemins de fer pour accélérer les communications; les principaux sont : ceux de Versailles, de Saint-Germain, de Rouen et du Havre, du Nord, qui conduit à la Belgique et à l'Angleterre; de Strasbourg, de Lyon et Marseille; de Saint-Etienne, d'Orléans, de Nantes, de Bordeaux et de Chartres.

GÉOGRAPHIE POLITIQUE.

Population. La population est de près de 36 millions d'habitants.

Religions. La religion dominante est le Christianisme ; les autres sont : les Réformés, les Luthériens, les Juifs. Il y a liberté absolue de tous les cultes.

Gouvernement. Le gouvernement républicain est adopté depuis le mois de février 1848.

Peuples. Origine flamande et allemande au N.-E. ; italienne au S.-E. et en Corse ; gascons au S.-O., et bretons au N.-O.

Langues. Le français qui est parlé dans tout l'univers ; l'allemand à l'E., l'italien au S., et différents patois.

Division administrative. Avant 1790, la France comprenait 36 *provinces* ; aujourd'hui elle est divisée en 86 *départements*, administrés chacun par un préfet qui réside au chef-lieu du département.

DIVISION DE LA FRANCE AVANT 1790.

LA FRANCE COMPRENAIT 36 PROVINCES QUI ÉTAIENT :

Six au nord.

La Flandre,	capitale	LILLE.
L'Artois,	—	ARRAS.
La Picardie,	—	AMIENS.
La Normandie,	—	ROUEN.
L'Ile-de-France,	—	PARIS.
La Champagne,	—	TROYES.

Six à l'est.

La Lorraine,	capitale	NANCY.
L'Alsace,	—	STRASBOURG.
La Franche-Comté,	—	BESANÇON.
La Bourgogne,	—	DIJON.
Le Lyonnais,	—	LYON.
Le Dauphiné,	—	GRENOBLE.

Sept au midi.

La Provence,	capitale	AIX.
Le Languedoc,	—	TOULOUSE.
Le Roussillon,	—	PERPIGNAN.
Le Comté de Foix,	—	FOIX.
Le Béarn,	—	PAU.
La Guyenne,	—	BORDEAUX.
La Gascogne,	—	AUCH.

Sept à l'ouest.

La Saintonge,	capitale	SAINTES.
L'Angoumois,	—	ANGOULÊME.
Le Poitou,	—	POITIERS.
L'Aunis,	—	LA ROCHELLE.
La Bretagne,	—	RENNES
L'Anjou,	—	ANGERS.
Le Maine avec le Perche,	—	LE MANS.

Neuf au milieu.

L'Orléanais,	capitale	ORLÉANS.
Le Nivernais,	—	NEVERS.
Le Bourbonnais,	—	MOULINS.
L'Auvergne,	—	CLERMONT.
Le Limousin,	—	LIMOGES.
La Marche,	—	GUÉRET.
Le Berry,	—	BOURGES.
La Touraine,	—	TOURS.
Le comtat Venaissin,	—	AVIGNON.

Dans la Méditerranée.

La Corse,	capitale	BASTIA.

DIVISION ADMINISTRATIVE ACTUELLE.

(Voir la Carte N° 10).

DÉPARTEMENTS.	CHEFS-LIEUX DE PRÉFECTURES ET DE SOUS-PRÉFECTURES.
Ain.	*Bourg*, Belley, Gex, Nantua, Trévoux.
Aisne.	*Laon*, Château-Thierry, Saint-Quentin, Soissons, Vervins.
Allier.	*Moulins*, Gannat, La Palisse, Montluçon.
Alpes (Basses).	*Digne*, Barcelonnette, Castellane, Forcalquier, Sisteron.
Alpes (Hautes).	*Gap*, Briançon, Embrun.
Ardèche.	*Privas*, Annonay, Largentière, Tournon.
Ardennes.	*Mézières*, Rhétel, Rocroy, Sedan, Vouziers.
Ariège.	*Foix*, Pamiers, Saint-Girons.
Aube.	*Troyes*, Arcis-sur-Aube, Bar-sur-Aube, Bar-sur Seine, Nogent-sur-Seine.
Aude.	*Carcassonne*, Castelnaudary, Limoux, Narbonne.
Aveyron.	*Rhodez*, Milhau, Saint-Afrique, Villefranche.
Bouches-du-Rhône.	*Marseille*, Aix, Arles.
Calvados.	*Caen*, Bayeux, Falaise, Lisieux, Pont-l'Evêque, Vire.
Cantal.	*Aurillac*, Mauriac, Murat, Saint-Flour.
Charente.	*Angoulême*, Barbezieux, Confolens, Ruffec.
Charente-Inférieure.	*La Rochelle*, Jonzac, Marennes, Rochefort, Saintes, Saint-Jean-d'Angely.
Cher.	*Bourges*, Saint-Amand, Sancerre.
Corrèze.	*Tulle*, Brives, Ussel.
Corse.	*Ajaccio*, Calvi, Corté, Sartène.
Côte-d'Or.	*Dijon*, Beaune, Châtillon-sur-Seine, Semur.
Côtes-du-Nord.	*Saint-Brieuc*, Dinan, Guingamp, Lannion, Loudéac.
Creuse.	*Guéret*, Aubusson, Bourganeuf, Boussac.
Dordogne.	*Périgueux*, Bergerac, Nontron, Ribérac, Sarlat.
Doubs.	*Besançon*, Baume-les-Dames, Montbéliard, Pontarlier.
Drôme.	*Valence*, Die, Montélimart, Nyons.
Eure.	*Evreux*, Bernay, Les-Andelys, Louviers, Pont-Audemer.
Eure-et-Loir.	*Chartres*, Châteaudun, Nogent-le-Rotrou.
Finistère.	*Quimper-Corentin*, Brest, Châteaulin, Morlaix, Quimperlé.
Gard.	*Nîmes*, Alais, Uzès, Le Vigan.
Garonne (Haute).	*Toulouse*, Muret, Saint-Gaudens, Villefranche.
Gers.	*Auch*, Condom, Lectoure, Lombez, Mirande.
Gironde.	*Bordeaux*, Bazas, Blaye, Lesparre, Libourne, La Réole.
Hérault.	*Montpellier*, Béziers, Lodève, Saint-Pons.
Ille-et-Vilaine.	*Rennes*, Fougères, Montfort, Redon, Saint-Malo, Vitré.
Indre.	*Châteauroux*, Issoudun, Le Blanc, La Châtre.
Indre-et-Loire.	*Tours*, Chinon, Loches.
Isère.	*Grenoble*, La Tour-du-Pin, Saint-Marcellin, Vienne.
Jura.	*Lons-le-Saulnier*, Dôle, Poligny, Saint-Claude.
Landes.	*Mont-de-Marsan*, Dax, Saint-Sever.
Loir-et-Cher.	*Blois*, Romorantin, Vendôme.
Loire.	*Montbrison*, Roanne, Saint-Etienne.
Loire (Haute).	*Le Puy*, Brioude, Yssengeaux.

DÉPARTEMENTS.	CHEFS-LIEUX DE PRÉFECTURES ET DE SOUS-PRÉFECTURES.
Loire-Inférieure.	*Nantes*, Ancenis, Châteaubriant, Paimbœuf, Savenay.
Loiret.	*Orléans*, Gien, Montargis, Pithiviers.
Lot.	*Cahors*, Figeac, Gourdon.
Lot-et-Garonne.	*Agen*, Marmande, Nérac, Villeneuve-d'Agen.
Lozère.	*Mende*, Florac, Marvejols.
Maine-et-Loire.	*Angers*, Beaugé, Beaupréau, Saumur, Segré.
Manche.	*Saint-Lô*, Avranches, Cherbourg, Coutances, Mortain, Valognes.
Marne.	*Châlons-sur-Marne*, Epernay, Rheims, Sainte-Ménéhould, Vitry-le-Français.
Marne (Haute).	*Chaumont*, Langres, Vassy.
Mayenne.	*Laval*, Château-Gonthier, Mayenne.
Meurthe.	*Nancy*, Château-Salins, Lunéville, Sarrebourg, Toul.
Meuse.	*Bar-le-Duc*, Commercy, Montmédy, Verdun.
Morbihan.	*Vannes*, Lorient, Ploërmel, Pontivy.
Moselle.	*Metz*, Briey, Sarreguemines, Thionville.
Nièvre.	*Nevers*, Château-Chinon, Clamecy, Cosne.
Nord.	*Lille*, Avesnes, Cambrai, Douai, Dunkerque, Hazebrouck, Valenciennes.
Oise.	*Beauvais*, Clermont, Compiègne, Senlis.
Orne.	*Alençon*, Argentan, Domfront, Mortagne.
Pas-de-Calais.	*Arras*, Béthune, Boulogne, Montreuil, Saint-Omer, Saint-Pol.
Puy-de-Dôme.	*Clermont-Ferrand*, Ambert, Issoire, Rhiom, Thiers.
Pyrénées (Basses).	*Pau*, Bayonne, Mauléon, Oloron, Orthez.
Pyrénées (Hautes).	*Tarbes*, Argelès, Bagnères-de-Bigorre.
Pyrénées-Orientales.	*Perpignan*, Céret, Prades.
Rhin (Bas).	*Strasbourg*, Saverne, Schelestadt, Weissembourg.
Rhin (Haut).	*Colmar*, Altkirch, Belfort.
Rhône.	*Lyon*, Villefranche.
Saône (Haute).	*Vesoul*, Gray, Lure.
Saône-et-Loire.	*Mâcon*, Autun, Charolles, Châlons-sur-Saône, Louhans.
Sarthe.	*Le Mans*, La Flèche, Mamers, Saint-Calais.
Seine.	*Paris*, Saint-Denis, Sceaux.
Seine-et-Marne.	*Melun*, Coulommiers, Fontainebleau, Meaux, Provins.
Seine-et-Oise.	*Versailles*, Corbeil, Etampes, Mantes, Pontoise, Rambouillet.
Seine-Inférieure.	*Rouen*, Dieppe, Le Havre, Neufchâtel, Yvetot.
Sèvres (Deux).	*Niort*, Bressuire, Melle, Parthenay.
Somme.	*Amiens*, Abbeville, Doullens, Montdidier, Péronne.
Tarn.	*Alby*, Castres, Gaillac, Lavaur.
Tarn-et-Garonne.	*Montauban*, Castel-Sarrazin, Moissac.
Var.	*Draguignan*, Brignolles, Grasse, Toulon.
Vaucluse.	*Avignon*, Apt, Carpentras, Orange.
Vendée.	*Napoléon-Vendée*, Fontenay, Les Sables-d'Olonne.
Vienne.	*Poitiers*, Chatellerault, Civray, Loudun, Montmorillon.
Vienne (Haute).	*Limoges*, Bellac, Rochechouart, Saint-Yriex.
Vosges.	*Epinal*, Mirecourt Neufchâteau, Remiremont, Saint-Dié.
Yonne.	*Auxerre*, Avallon, Joigny, Sens, Tonnerre.

POSSESSIONS FRANÇAISES.

Afrique.	L'Algérie, Saint-Louis et Gorée (*Sénégambie*), l'île de la Réunion et celle de Sainte-Marie.
Asie.	Pondichéry, Karikal, Yanaon, Chandernagor et Mahé.
Amérique.	La Guyanne française, la Martinique, la Guadeloupe, Saint-Pierre-Miquelon.
Océanie.	Les îles Marquises, l'île de Taïti.

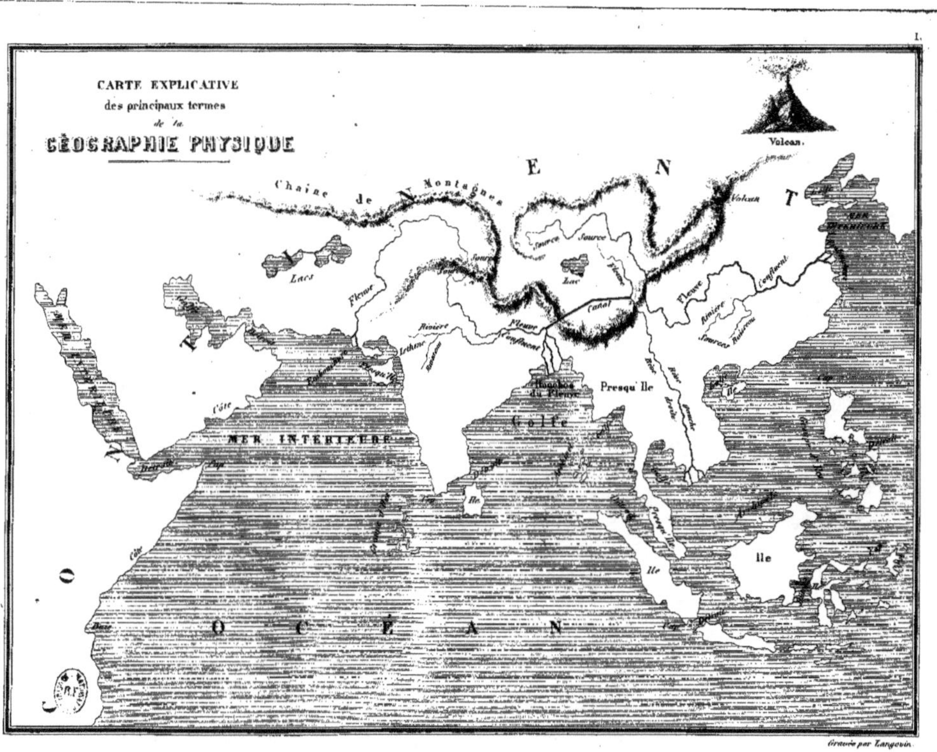
CARTE EXPLICATIVE
des principaux termes
de la
GÉOGRAPHIE PHYSIQUE
Volcan.
Chaine de Montagnes
Lacs
Fleuve
Source
Source
Lac
Volcan
Canal
Rivière
Fleuve
Fleuve
Confluent
Sources Ruisseau
Isthme
Presqu'Ile
Embouch.
du Fleuve
Golfe
Côte
MER INTÉRIEURE
Ile
Ile
Ile
MER
Détroit
OCÉAN
Cap
Gravée par Langevin.

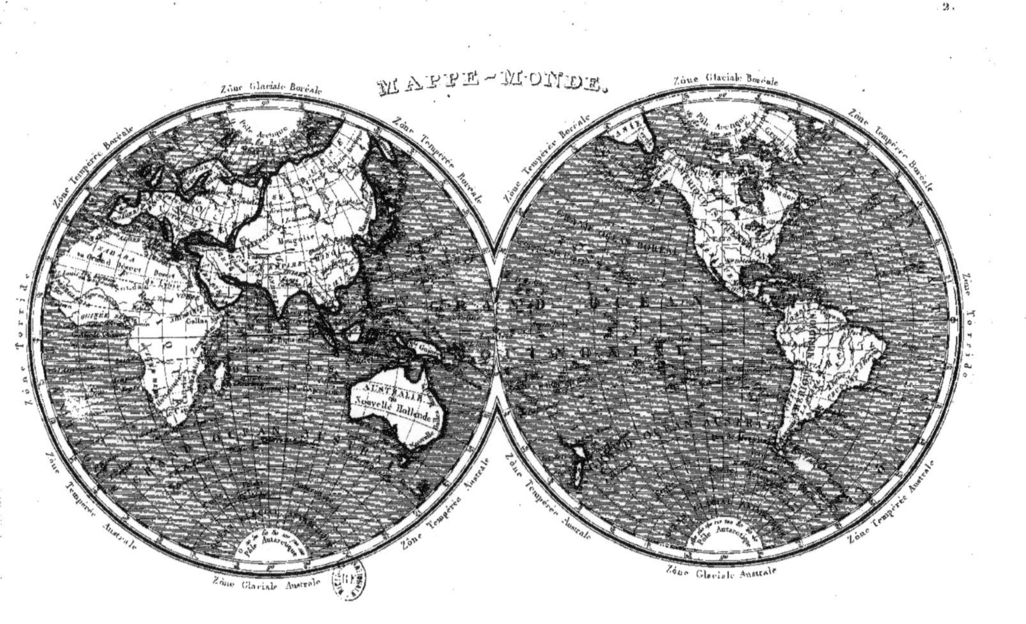
MAPPE-MONDE.
Zône Glaciale Boréale
Zône Glaciale Boréale
Zône Tempérée Boréale
Zône Tempérée Boréale
Zône Tempérée Boréale
Zône Tempérée Boréale
Zône Torride
Zône Torride
GRAND OCÉAN
AUSTRALIE
ou
Nouvelle Hollande
AMÉRIQUE
Pôle Arctique
Pôle Arctique
Pôle Antarctique
Pôle Antarctique
Zône Tempérée Australe
Zône Tempérée Australe
Zône Tempérée Australe
Zône Tempérée Australe
Zône Glaciale Australe
Zône Glaciale Australe

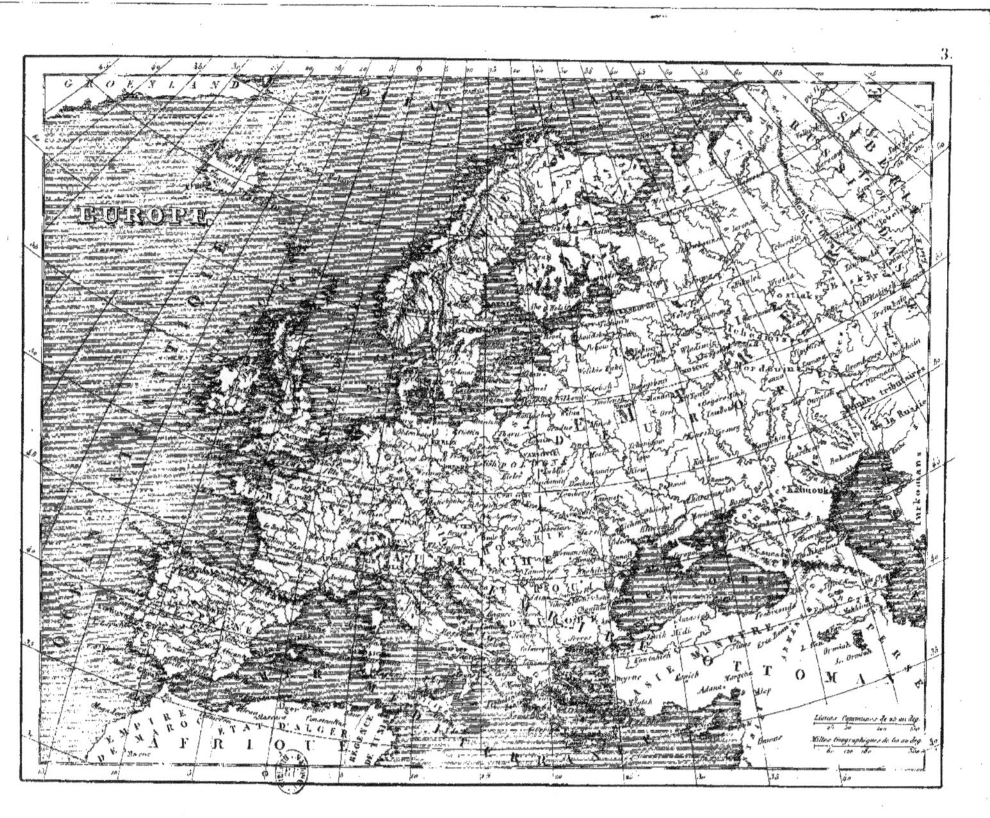

EUROPE
GROENLAND
OCÉAN ATLANTIQUE
RUSSIE D'EUROPE
EMPIRE DE MAROC
ÉTAT D'ALGER
RÉGENCE DE TUNIS
AFRIQUE
ASIE MINEURE
EMPIRE OTTOMAN
PERSE
AUTRICHE
Lieues Communes de 20 au deg.
Milles Géographiques de 60 au deg.

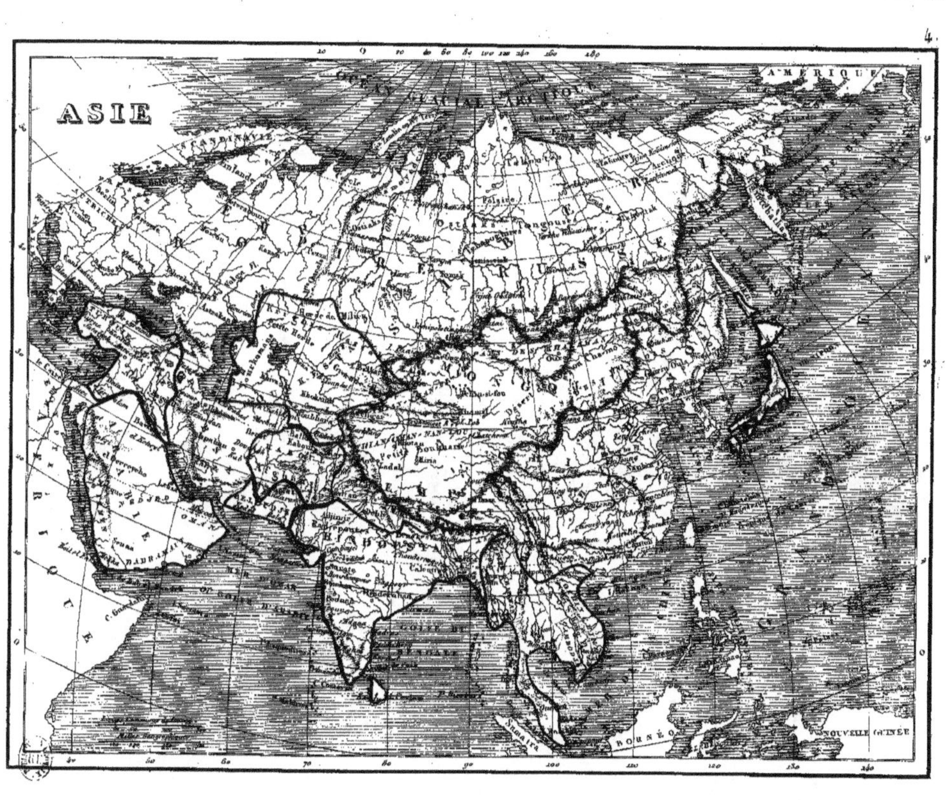

ASIE
OCÉAN GLACIAL ARCTIQUE
AMÉRIQUE
NOUVELLE GUINÉE
BORNÉO
Sumatra

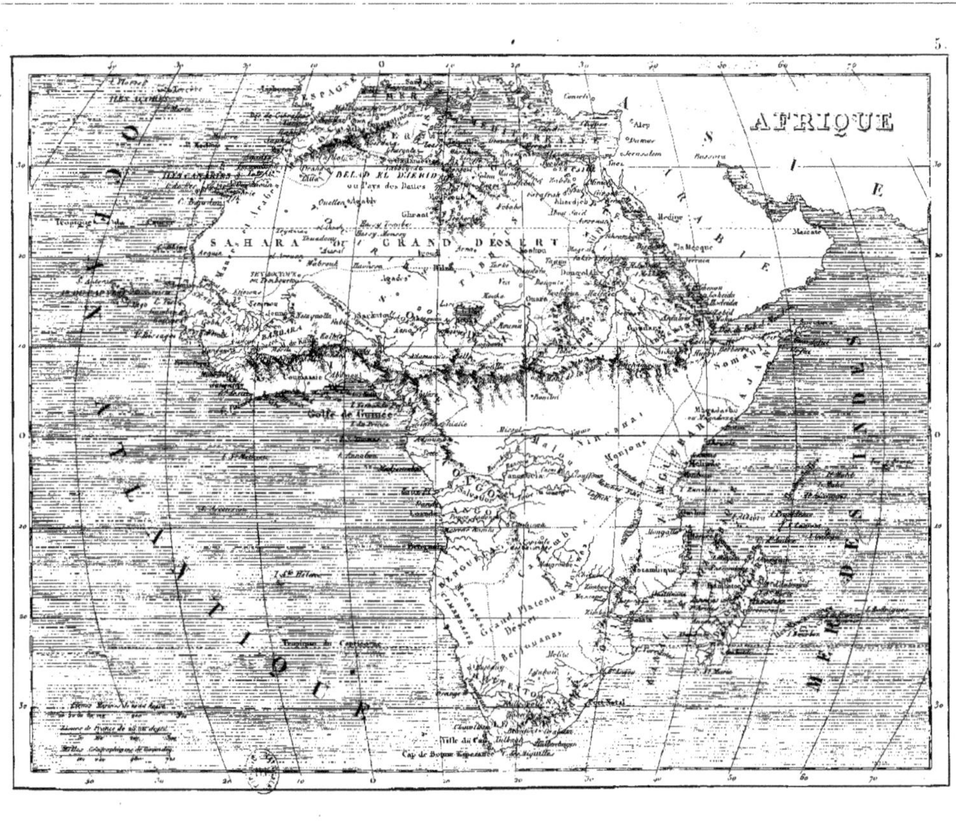
AFRIQUE
OCÉAN ATLANTIQUE
MER DES INDES
SAHARA ou GRAND DÉSERT
BELAD EL DJERID ou Pays des Dattes
ESPAGNE
ARABIE
ASIE
Golfe de Guinée
Guinée
Congo
Angola
Benguela
Grand Plateau
Tropique du Cancer
Tropique du Capricorne
ÎLES AÇORES
ÎLES CANARIES
Somalis
Ajan
Mozambique
Madagascar
Jérusalem
La Mecque
Médine
Mascate
Bassora
Alep
Ville du Cap
Cap de Bonne Espérance
Ste Hélène
Ascension

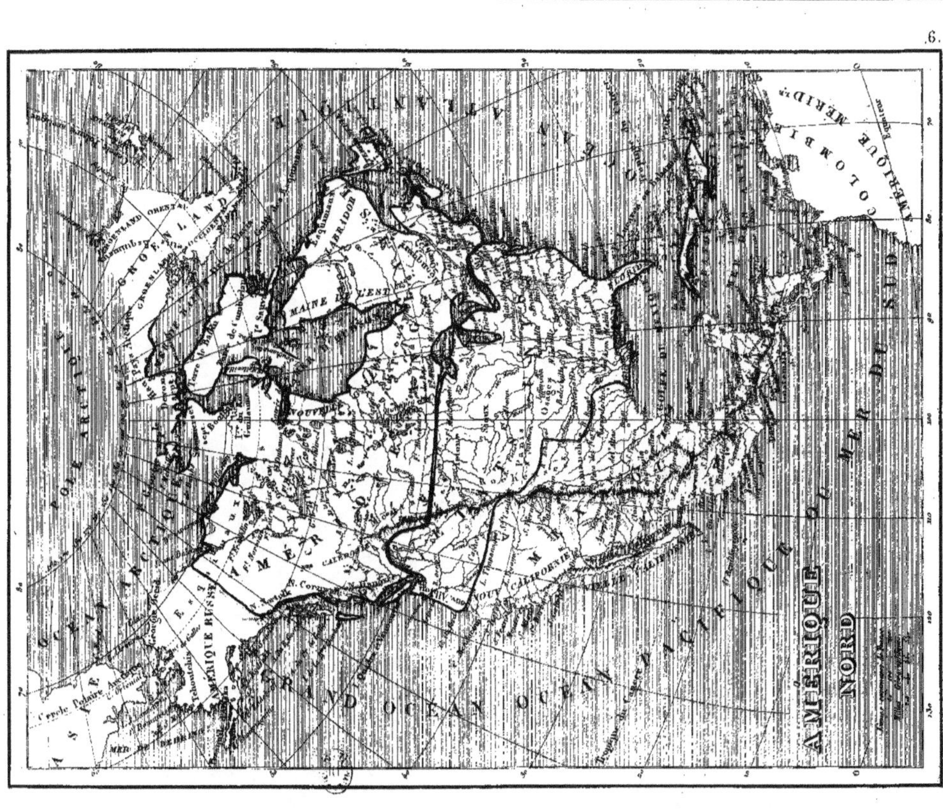
AMÉRIQUE DU NORD
GROENLAND
GROENLAND ORIENTAL
GROENLAND OCCIDENTAL
LABRADOR
MAINE
AMÉRIQUE RUSSE
CALIFORNIE
NOUVELLE CALIFORNIE
AMÉRIQUE MÉRIDLe
COLOMBIE
OCÉAN ATLANTIQUE
GRAND OCÉAN ou OCÉAN PACIFIQUE ou MER DU SUD
ASIE
Cercle Polaire Arctique

AMÉRIQUE
SUD
GRAND OCÉAN OCÉAN PACIFIQUE ou MER DU SUD
OCÉAN ATLANTIQUE

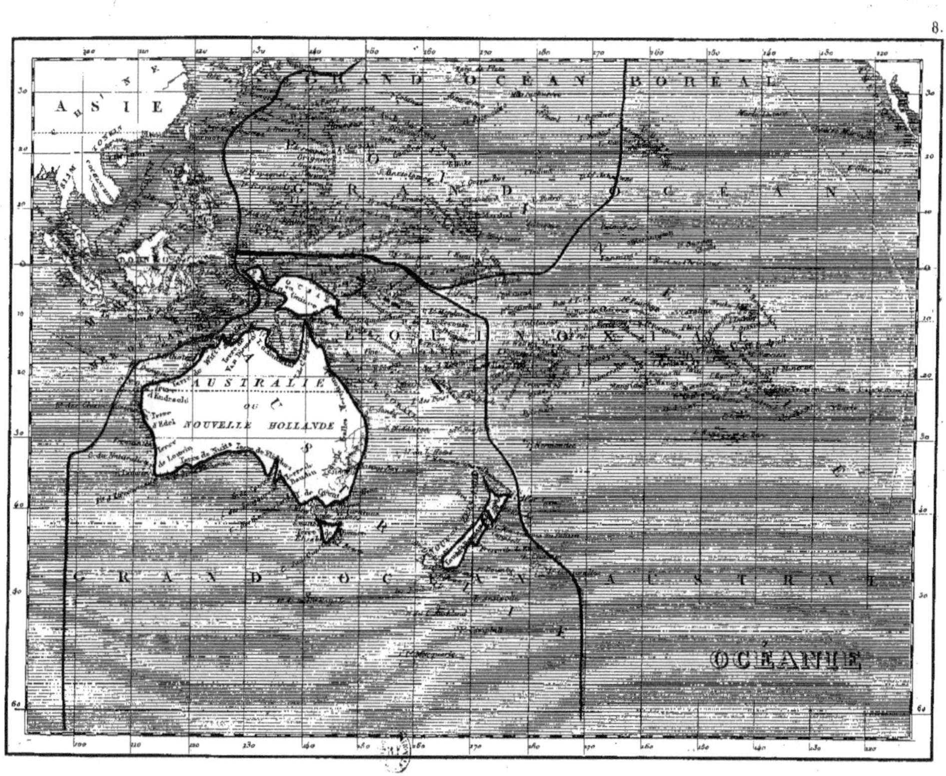

ASIE
GRAND OCEAN BORÉAL
GRAND OCÉAN
ÉQUINOXIAL
AUSTRALIE
ou
NOUVELLE HOLLANDE
GRAND OCÉAN AUSTRAL
OCÉANIE

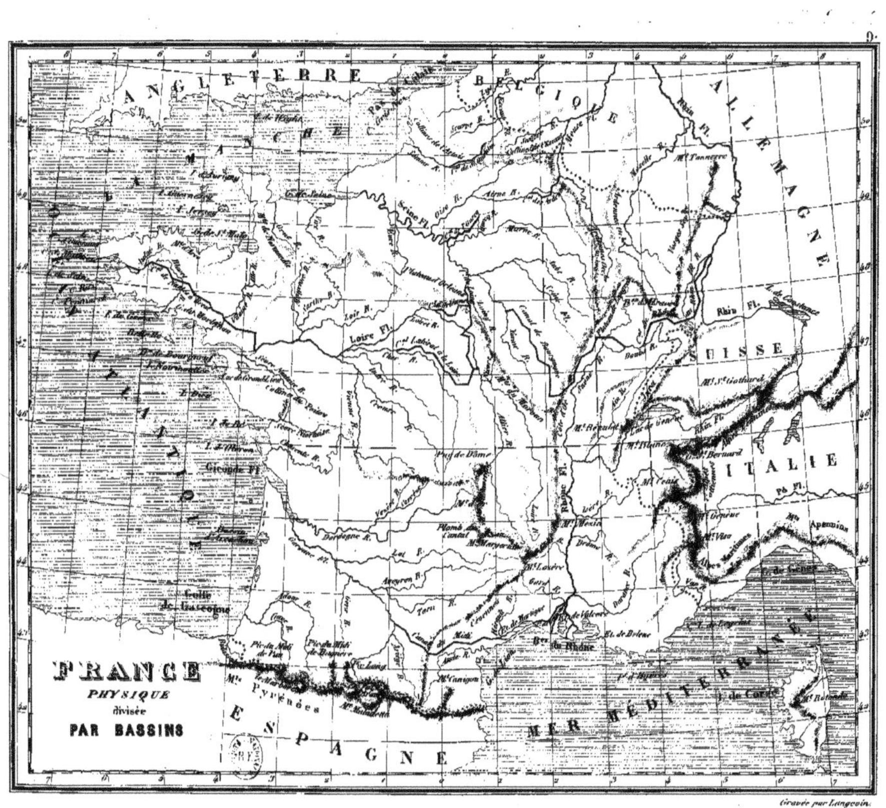

ANGLETERRE
BELGIQUE
ALLEMAGNE
MANCHE
SUISSE
ITALIE
ESPAGNE
MER MÉDITERRANÉE
FRANCE
PHYSIQUE
divisée
PAR BASSINS
Loire Fl.
Puy de Dôme
Mts Pyrénées
I. de Corse
Gravée par Langcoin.

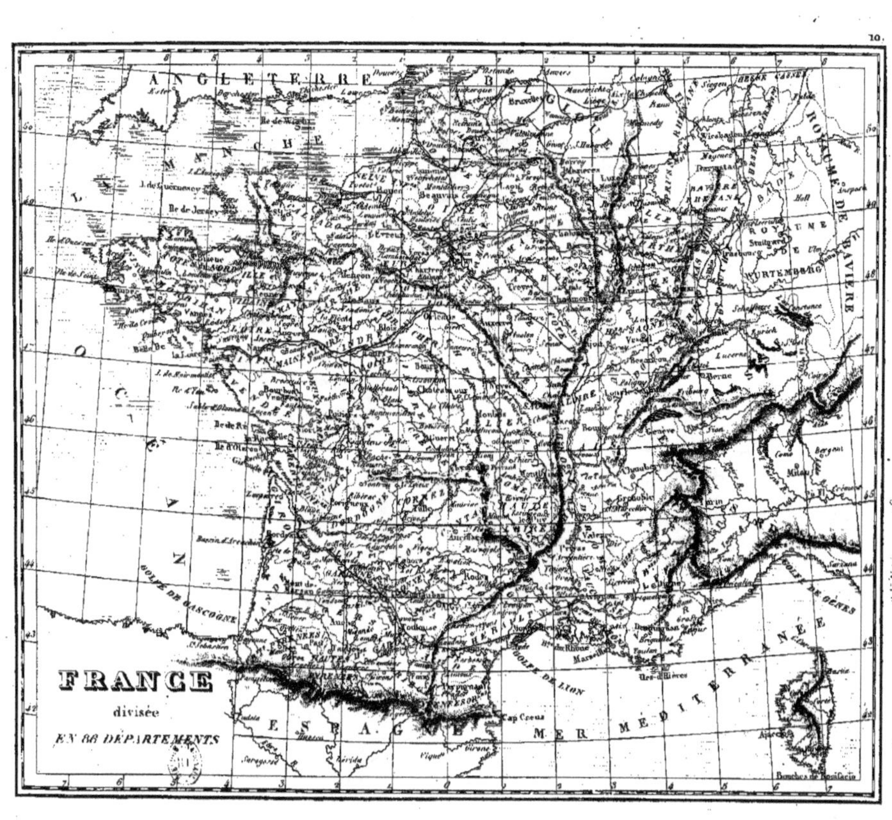

ANGLETERRE
MANCHE
OCÉAN
GOLFE DE GASCOGNE
GOLFE DE LION
ESPAGNE
MER MÉDITERRANÉE
ROYAUME DE BAVIÈRE
WURTEMBERG
SUISSE
FRANCE
divisée
EN 86 DÉPARTEMENTS

www.ingramcontent.com/pod-product-compliance
Lightning Source LLC
LaVergne TN
LVHW021203200726
843510LV00001B/463